L'ORDRE TEMPOREL

ET

LA SOCIÉTÉ CHRÉTIENNE

PAR

V. DE MAUMIGNY

PARIS

IMPRIMERIE BALITOUT, QUESTROY ET Cᵉ

7, RUE BAILLIF, 7

1876

TABLE DES CHAPITRES

L'ORDRE TEMPOREL

ET

LA SOCIÉTÉ CHRÉTIENNE

CHAPITRE PREMIER

OBSCURITÉ DES PRINCIPES POLITIQUES

On ne voit dans l'Eglise aucune incertitude sur sa constitution, sa hiérarchie, la nature du droit qui la régit. Mais dans la société civile, au contraire, il y a sur toutes ces questions beaucoup d'obscurité. Les opinions sont très divergentes depuis que nous avons renié nos traditions nationales et les lois fondamentales de la monarchie très chrétienne. Aujourd'hui, la politique marche à tâtons. On ne veut ni de la Déclaration des droits de Dieu, ni de la Déclaration des droits de l'homme, ni du *Syllabus*, ni de la Révolution, ni du Roi très chrétien, ni des gouvernements modernes, empire, quasi-légitimité, république, et l'obscurité règne dans les meilleurs esprits sur l'origine, la nature et la transmission du pouvoir souverain.

Tous les chrétiens et même tous les peuples, la France révolutionnaire exceptée, confessent bien l'origine divine du pouvoir. Mais comment Dieu le délègue-t-il? Est-ce aux peuples, pour le transmettre aux rois? De quelle nature est le pouvoir politique? Gouverne-t-il en vertu d'un droit divin, d'un droit mixte ou d'un droit purement humain? Le prince est-il dépendant ou indépendant, soit du peuple, soit du pouvoir spirituel, et dans quelle mesure? Graves questions où les hommes politiques se fourvoient, où les théologiens eux-mêmes se divisent.

Les uns, par crainte de la Révolution, disent que le pouvoir royal est de droit divin et que les rois n'ont de compte à rendre qu'à Dieu seul. De ce système sont nés l'absolutisme et le gallicanisme royal : double fléau de l'ancien régime. On pourrait même en déduire les papautés laïques des monarchies, tant protestantes que schismatiques, et que les monarchies gallicanes imitaient trop souvent.

D'autres, pour éviter les abus de l'ancien régime, ne font venir de Dieu le pouvoir royal qu'indirectement. Les rois le recevraient de Dieu par l'intermédiaire du peuple, qui le garde dans les républiques, ou le transmet au prince, s'il préfère la monarchie. Quant au droit divin, les adversaires de l'ancien régime en refusent toute participation non-seulement aux princes infidèles et dissidents, mais aux rois catholiques eux-mêmes.

Or, qu'on le veuille ou non, la délégation du pouvoir *royal* par le peuple conduit nos légistes à la souveraineté dite nationale, base des républiques de 89 et du césarisme; et d'autre part, la négation du droit divin, que les rois catholiques exerçaient comme évêques du dehors, conduit au laïcisme de l'Etat et à sa séparation d'avec l'Eglise; double fléau de la civilisation moderne, et qui est souvent propagé, à leur insu, par ceux qui le redoutent le plus.

Pour éviter les abus de l'ancien régime et ceux de la civilisation moderne, quelques auteurs, mais en très petit nombre parce que Rome a toujours réprimé l'excès de leur zèle, ont absorbé implicitement le pouvoir civil dans le pouvoir ecclésiastique. Ce système est non moins contraire à la foi qu'aux opinions dominantes, car il est écrit : « Rendez à César ce qui est à César et à Dieu ce qui est à Dieu. » Aussi l'Eglise a toujours maintenu la distinction des deux pouvoirs, tout en enseignant qu'il faut obéir à Dieu plutôt qu'aux hommes. La mort des martyrs ne rend-t-elle pas témoignage aux droits de César, non moins qu'aux droits de Dieu? Dans les Etats pontificaux eux-mêmes, les deux pouvoirs, bien que dans la main du Vicaire de Jésus-Christ, ne se confondent pas.

La question du pouvoir constituant n'est pas moins obscure que celle du droit royal. Les uns le concèdent au roi; de là les chartes *octroyées* qui sont si souvent en contradiction avec les traditions nationales, comme il est arrivé dans les monarchies contemporaines dites constitutionnelles. D'autres transportent le pouvoir constituant aux Assemblées nationales; de là les chartes *bâclées* comme en 1830. D'autres enfin attribuent à la foule la fondation des empires; de là les *plébiscites*, l'appel au peuple, le suffrage universel, l'omnipotence du nombre.

Le premier système conduit les nations à l'absolutisme, le second les conduit au parlementarisme, le troisième au socialisme et au césarisme.

Au premier abord les questions politiques sembleraient insolubles, puisque tous les systèmes conduisent à de dangereuses erreurs ; absolutisme, démocratisme, libéralisme, césarisme, laïcisme, théocratisme, parlementarisme. Mais tout s'éclaircit quand on appelle à son aide l'Ecriture et la tradition, les principes et les définitions, l'expérience et les faits, la logique et l'analogie, et surtout les exemples de l'Eglise et ses enseignements, toutes les fois qu'elle juge à propos de parler. On voit alors que dans tous ces systèmes existent des vérités qu'il faut mettre à leur place, des vides qu'il faut combler, des erreurs qu'il faut éviter, des nuages à dissiper. Alors, à la lumière de la raison, de la tradition et de la foi, à la lumière de la logique et de l'analogie, « on éprouve tout, et l'on retient ce qui est bon », comme l'ordonne l'Apôtre.

CHAPITRE II

L'ORDRE TEMPOREL & L'ORDRE SPIRITUEL

I. Avant tout, il faut définir les termes, car de leur confusion vient l'erreur.

Dans l'ordre naturel, les choses spirituelles sont les substances invisibles, immatérielles, impérissables, et l'opposé des substances visibles, matérielles, qui s'usent avec le temps. Ainsi, nos âmes sont spirituelles, nos corps appartiennent à l'ordre temporel. Formé de la terre, le corps retourne à la poussière d'où il est tiré ; mais l'âme est immortelle.

Par suite de l'incarnation, les mots

temporel et spirituel ont un second sens très différent du premier.

La vie spirituelle est la vie nouvelle, la vie surnaturelle, éternelle, céleste, que nous tenons du Christ et de la grâce, du baptême et de l'Esprit-Saint. La vie temporelle est la vie du vieil homme, la vie passagère, animale, terrestre, que nous tenons de la nature et de la création, de notre naissance et d'Adam.

Chaque ordre implique le corps et l'âme, car s'il y a un corps animal, il y a aussi un corps spirituel et incorruptible semé dans la corruption du premier, et que la résurrection en fait sortir, dit l'Apôtre ! (1 *Cor.*, xv.)

D'un côté la chair, c'est-à-dire l'animal raisonnable ; de l'autre l'esprit ou le chrétien, frère du Christ et qui devient par la foi fils de Dieu.

Ce qui est né de la chair est chair, et ce qui est né de l'esprit est esprit, dit saint Jean. (iii, 6.)

Ainsi, l'ordre spirituel est l'ordre surnaturel ou chrétien, et l'ordre temporel est l'ordre naturel, terrestre, humain, qui précède l'incarnation du nouvel Adam, et figure l'ordre spirituel, dont il est la source.

Sans doute Adam reçut la grâce divine et la foi au Christ à venir, mais ces dons étaient surnaturels et toute vie surnaturelle vient du Christ. De plus, il fallait l'incarnation pour la conduire à sa perfection et ouvrir le ciel aux hommes.

Or, le christianisme spiritualise la société non moins que l'individu, la famille et la société laïque non moins que la société ecclésiastique.

Le mariage devient un sacrement; l'Etat une Eglise extérieure, gouvernée par les évêques du dehors, qui, eux aussi, sont sacrés.

Ici-bas, l'homme et la société, la famille, l'Etat, l'Eglise, vivent de la vie temporelle d'Adam et de la vie spirituelle du Christ.

L'union conjugale est à la fois une union spirituelle, puisque le mariage est un sacrement et une société naturelle destinée à propager l'espèce humaine, mais illégitime sans lui.

II. L'Etat vit principalement de la vie temporelle. Ses chefs ont la mission de nous assurer une vie tranquille en protégeant contre les voleurs, les assassins et les conquérants notre vie et nos biens, le commerce, l'agriculture et l'industrie, les sciences et les arts, tout ce qui conserve et embellit la vie du temps.

Mais, évêques du dehors, les rois ont en outre une mission plus haute. Ils ont mission de protéger l'Eglise, gardienne de la justice et du droit, de la vérité et de la liberté, de la religion et de la foi, et de contribuer à la propagation du règne du Christ par des lois chrétiennes et des institutions chrétiennes. Ils ont mission de protéger et de défendre la civilisation chrétienne contre la barbarie, surtout contre la Révolution, redoutable ennemie de Dieu et du genre humain, et cela, au besoin, par des guerres chrétiennes. De là les guerres de Clovis contre les Ariens, de Charles Martel contre les Sarrasins, de Charlemagne contre les Lombards, de saint Louis contre les Turcs ; de là toutes les croisades anciennes et modernes.

Un peuple chrétien « ne vit pas seulement de pain, mais de toute parole qui tombe de la bouche de Dieu. » Reconnaissant le Christ pour son premier Roi, le Vicaire de Jésus-Christ pour son premier guide, voyant dans son prince « l e sergent du Christ, » comme parle saint Louis, un peuple chrétien participe à la vie spirituelle de l'Eglise. La nature et les hommes lui donnent la vie temporelle, mais le Christ fait des rois catholiques « les médiateurs du clergé et du peuple, » et leur confie un sacerdoce royal qu'ils communiquent au peuple. *Gens sancta, regale sacerdotium*, disent nos vieux auteurs en parlant des Francs de Clovis, comme l'Ecriture parle de l'Eglise leur mère. (I *Pet.*, ii, 9.)

L'Eglise, de son côté, vit principalement de la vie spirituelle, et sa mission est de nous assurer la vie éternelle par la prédication de la parole de Dieu et par les sacrements. A cette mission principale se joint celle de guider les rois et les peuples catholiques, non-seulement en ce qui touche directement la foi et le salut des âmes, mais encore en ce qui touche cette vie spirituelle extérieure qu'elle donne aux nations, ses filles. De là l'action sociale de l'Eglis

Toutefois Dieu, qui a donné la terre aux hommes, laisse l'indépendance aux peuples et aux rois, en tout ce qui regarde la vie purement terrestre, temporelle, naturelle, à charge de respecter la loi divine et la liberté de l'Eglise. Ils dépendent du Vicaire de Jésus-Christ seulement en ce qui regarde la *vie spirituelle ou chrétienne*. Telle était la règle des siècles de foi dans les Etats catholiques.

D'autre part, l'Eglise ne vit pas seulement de la parole de Dieu. Vivant dans le temps, elle a besoin des choses du temps. Elle a besoin de pain et de vin pour son culte et pour la nourriture de ses ministres et de ses pauvres, d'édifices pour célébrer les saints mystères, loger et instruire ses ministres. Elle a même besoin d'Etats pour assurer l'indépendance de son chef et la liberté de son ministère spirituel.

Ainsi, l'Etat ajoute la vie spirituelle à la vie temporelle qu'il tient de la nature et des hommes, et l'Eglise, d'autre part, joint la vie temporelle à la vie spirituelle qu'elle tient du Christ et des Apôtres.

Le Christ a voulu que l'Eglise reçût de la Providence et des hommes les choses du temps, et que les nations et les rois reçussent de l'Eglise et des Saints les choses spirituelles.

III. L'ordre spirituel et l'ordre temporel n'ont jamais été séparés dans les desseins de Dieu ; car, encore bien que le premier ne date que de l'incarnation, le Christ était le Désiré des nations, et le peuple de Dieu possédait en figures la vie chrétienne par la foi, l'espérance et l'amour. Elle était le fruit des promesses faites aux Patriarches et des révélations de l'Esprit-Saint, qui parlait par les prophètes.

Malgré la différence infinie des deux ordres, Dieu est leur commun archétype, car il a résolu de créer l'homme à son image par la création, à sa ressemblance par la grâce, commencement de la gloire : *similes ei erimus*. Dieu a donc créé l'ordre naturel et temporel, pour préparer et figurer l'ordre surnaturel ou spirituel. De là, similitude des deux ordres, et analogie des lois qui les régissent quand la nature est droite ou réparée.

La religion est le fondement nécessaire de l'un et de l'autre ordre : religion naturelle et figurative enseignée par la création dans l'ordre naturel ; spirituelle et véritable, révélée par Dieu lui-même, dans l'ordre surnaturel, où Dieu est adoré en esprit et en vérité.

Dans l'un et l'autre ordre, toute lumière intellectuelle descend du Père des lumières par le Christ, lumière des hommes et lumière de Dieu, soleil d'intelligence et soleil de justice. De LUI nous tenons la raison dans l'ordre naturel, et la sagesse divine dans l'ordre surnaturel. Dieu nous éclaire dans l'ordre naturel « par la lumière de son visage répandue dans nos âmes » dès notre naissance, et, d'un autre côté, par la Sagesse qu'il a répandue sur les œuvres de ses mains. Dans l'ordre surnaturel, il nous éclaire par le don surnaturel de la foi et les infaillibles enseignements de l'Eglise et des Saintes-Ecritures.

Dans les deux ordres, tout pouvoir vient de Dieu, « de qui descend toute paternité au ciel et sur la terre » : paternité charnelle et terrestre dans l'ordre naturel, paternité spirituelle et céleste dans l'ordre surnaturel.

Toute loi, aussi bien la loi naturelle que la loi divine, aussi bien la loi humaine que la loi ecclésiastique, dérive de la loi éternelle, et c'est Dieu lui-même qui écrit dans les cœurs et la loi naturelle et la loi de grâce.

Dans l'ordre temporel, les hommes s'unissent par les liens du sang ; dans l'ordre spirituel, les chrétiens s'unissent par la charité qui descend du cœur du Christ ; charité figurée par les liens du sang dont le cœur d'Adam est la source.

Dans chaque ordre, Dieu commence par un seul homme.

Il donne au premier Adam tous les biens de la nature et du temps, pour les communiquer au genre humain.

De son côté, le Christ, nouvel Adam, reçoit comme homme tous les biens célestes ; la grâce et la vérité, la vie éternelle et la gloire, pour les communiquer à l'Eglise.

A l'aide de ces similitudes, les deux ordres s'éclairent l'un l'autre : la certitude divine, absolue, de l'ordre spirituel, nous aide à résoudre par analogie les problèmes de l'ordre temporel, où la raison hésite, et l'évidence des choses temporelles et visibles nous élève aux choses invisibles à l'aide de la révélation. C'est ainsi que saint Paul donne aux chrétiens l'idée de l'union du Christ et de l'Eglise, grâce à l'union conjugale qui la figure, et donne pour modèle aux époux l'union du Christ et de l'Eglise.

Mais autant est parfaite l'harmonie de la droite nature et de l'ordre surnaturel, autant est complète l'opposition de la nature déchue et du christianisme, de l'Evangile et de la Révolution, qui prend le masque de la civilisation moderne pour renverser toutes les lois de la nature non moins que l'ordre surnaturel, s'il était possible.

Malheureusement, comme, en parlant de l'ordre temporel, on oublie de distinguer les sociétés chrétiennes des sociétés infidèles, on fait du droit humain le contraire du droit divin, au lieu de les harmoniser, comme faisait la monarchie très chrétienne.

L'ordre temporel spiritualisé par le christianisme est d'autant plus parfait qu'il imite mieux (proportion gardée) la constitution de l'Eglise, son modèle.

Telle était la monarchie très chrétienne, fille aînée de l'Eglise, et qu'une providence toute spéciale avait formée à sa ressemblance, pour que l'union fût plus intime.

CHAPITRE III

SOURCE DIVINE DU DROIT HUMAIN

I. Pour bien juger l'ordre temporel, il faut se défaire des orgueilleux préjugés de 89, qui attribuent exclusivement à la raison et à la volonté des hommes tout ce qui est naturel et humain.

Sans doute les hommes concourent au développement des choses humaines, Dieu leur ayant donné pour cela la raison et le libre arbitre. Mais dans ses bases essentielles et fondamentales l'ordre temporel est, comme l'ordre spirituel, l'œuvre de Dieu, bien qu'il agisse par les voies diverses de la création et de l'incarnation, de la nature et de la grâce.

Le naturel est ce que Dieu a fait quand il a tiré le monde du néant. La nature est son instrument docile, elle opère sous la direction de la Sagesse éternelle. L'ordre temporel et humain est l'ordre que Dieu lui-même a constitué en créant Adam pour en faire le principe, le modèle, le père, l'instituteur, le roi terrestre de tous les hommes, en attendant le Christ, Roi spirituel de l'univers, Père du siècle futur, principe, modèle, docteur de l'humanité nouvelle née du baptême.

Dieu est l'auteur du droit humain non moins que du droit divin. L'un est créé avec Adam, appliqué par les hommes, démontré par la raison; l'autre révélé par l'Homme-Dieu, nous est enseigné par l'Eglise, qu'il inspire de son Esprit. Après la chute, le Christ a réparé le droit humain et associé l'Eglise à cette réparation. Bien que divers, ces deux droits sont inséparablement unis, car tout homme devrait être chrétien, et tout chrétien est un fils d'Adam. Le droit chrétien repose sur cette double base.

L'Ecriture nous donne sur l'origine de l'ordre temporel des notions aussi précises que certaines.

Après avoir formé lui-même le corps et l'âme d'Adam, Dieu lui a donné la science humaine universelle, une langue parfaite pour la communiquer, et toutes les vertus humaines. Il tire de son côté sa compagne, institue le mariage pour unir les époux de liens indissolubles et peupler le globe. A ces dons il ajoute la domination des animaux et la propriété de la terre, puis il dévoile à nos premiers parents la grandeur de ses œuvres, afin qu'ils louent son nom, leur montre les maux et les biens, en leur en laissant le choix, et confie chacun aux soins de son prochain. (Gen., 1. II; Eccl. XV, XVII; *Somme* 1, 94, III, IV, et 95, III.)

Ainsi, Dieu lui-même a jeté toutes les bases de l'ordre temporel et humain; religion et morale, science et langage, travail et propriété, famille et société, autorité et liberté. Ces dons, il les a faits au genre humain dans la personne d'Adam, qui, en principe, renfermait en lui tous les hommes. Le livre de Piazzi Smith sur la grande pyramide d'Egypte, traduit par l'abbé Moigno, a prouvé l'étendue de la science primitive, et les travaux inédits de l'abbé Martet, chapelain de Saint-Louis-des-Français, à Rome, démontrent la perfection de la langue d'Adam.

Les mots, comme nous l'apprend la Genèse, expriment ici la nature des choses, et du nom hébreu des astres, le savant abbé a déduit tous les calculs de l'astronomie en donnant aux lettres leur valeur numérale.

L'âme d'Adam fut créée parfaite comme son corps, sans qu'il fût assujetti, comme nous, à la loi du progrès qui nous conduit de l'ignorance et de la faiblesse du berceau à l'âge viril. Mais les dons infusés dans son âme étaient semblables à ceux que nous acquérons avec le temps par nos travaux, de même que les fruits produits spontanément par la terre à la voix de Dieu, étaient semblables à ceux que nous cultivons à la sueur de notre front. La science infuse d'Adam, dit saint Thomas, était semblable à la nôtre, de même que la vue donnée par le Christ à l'aveugle né était semblable à la nôtre. Auteur de la nature, Dieu fit à Adam des dons en harmonie avec la nature humaine. Il lui a donné, dans l'ordre naturel, une foi humaine, une science humaine, des vertus humaines, un langage humain, comme il lui a donné, tout en le créant lui-même, une âme humaine et un corps humain. Quoique

la cause fût divine, l'effet était naturel et humain.

Mais Dieu a créé l'homme pour en faire un frère du Christ, la société humaine pour qu'elle devienne son royaume, l'ordre naturel et terrestre pour figurer et préparer l'ordre spirituel que le Christ apporte du Ciel. Il ajouta aux dons de la nature les dons surnaturels de la révélation et de la foi divines, la loi divine et la grâce. Il donna à nos premiers parents une règle de conduite, *disciplinam*, la loi de vie, et fit avec eux une alliance éternelle (*Eccl.*, XVII), alliance qui nous a valu la rédemption. Après avoir créé l'homme, il le transporta dans le paradis terrestre, figure de l'Eglise, où était planté l'arbre de vie.

L'homme avait reçu la science humaine dans toute sa perfection. Quant à la science divine, il devait l'attendre de la révélation et de la foi.

Dieu, qui voulait faire concourir l'homme à l'exécution de ses desseins, subordonnait l'ordre naturel à l'ordre surnaturel, la raison à la foi. Par sa désobéissance et son incrédulité, l'homme perdit la vie surnaturelle et blessa mortellement la nature. Mais tout aussitôt Dieu annonçait la femme qui écraserait la tête du serpent, et la lutte de leurs fils; la lutte du Christ et de l'Antechrist, de l'Eglise et du monde.

II. L'œuvre des six jours était parfaite (*Gen.*, I, 31). Elle était le principe et le modèle de celles qui suivraient.

Dès lors c'est à l'institution divine qu'il faut remonter pour trouver les bases de l'ordre naturel. C'est ce que fait saint Paul pour nous enseigner les devoirs des époux, et Notre-Seigneur lui-même pour proscrire le divorce. En suivant ces exemples on évite les erreurs et les utopies. Aussi Rousseau nous avertit, dans son *Discours sur l'inégalité*, que ses hypothèses de l'homme sauvage sont contraires aux faits racontés par Moïse, faits que tout philosophe chrétien doit admettre, dit-il.

Cette méthode est aussi sûre que rapide et résout facilement les problèmes politiques et sociaux qui divisent aujourd'hui l'opinion.

Si le père du genre humain a reçu la terre en pleine propriété pour la partager entre ses fils comme il le jugeait convenable dans leur intérêt commun, le droit communiste que l'Etat moderne s'arroge, de restreindre l'autorité paternelle par le partage forcé, est contraire à l'ordre établi de Dieu, et dès lors aux lois de la nature, lois que M. Le Play constate par les faits.

Si Dieu a établi l'unité et l'indissolubilité du mariage, si dès la Création il lui a donné un caractère religieux en l'instituant dans le Paradis terrestre, pour figurer l'union du Christ et de l'Eglise, union prophétisée par Adam, il ne dépend pas des hommes de le dénaturer par la polygamie, le divorce et le mariage civil, surtout depuis l'Evangile qui a réparé la nature et fait du mariage un sacrement.

Si, dès la création, l'homme a vécu d'une double vie ; de la vie naturelle de l'animal raisonnable et de la vie surnaturelle de la grâce avec la foi au Christ à venir, à plus forte raison en doit-il être ainsi depuis l'Evangile, qui réalise les promesses et les figures du vieux monde. Dès la création, Dieu a voulu l'union, la distinction et la subordination des deux ordres. A plus forte raison en est-il ainsi depuis que la vie spirituelle a été apportée du ciel par le Christ. La libre-pensée, le mariage civil, l'Etat et la science laïques ruinent la raison, la famille et la société, car l'homme, sous peine de mort, ne peut séparer ce que Dieu a uni.

Si, dès la création, l'autorité conjugale et paternelle a été la base fondamentale de la famille et la figure de l'autorité publique, parce que la famille est l'élément et la figure de l'Etat, il doit toujours en être ainsi dans la suite des siècles.

Si Dieu a donné mission à Adam de gouverner la terre dans la justice et l'équité (Sag., IX, 3) ; si, pour l'accomplissement de cette mission, il a joint la science et la vertu à l'autorité paternelle et territoriale, le pouvoir temporel de ses fils est également fondé sur la paternité, soit naturelle, soit adoptive et sur le haut domaine de la terre, d'une part ; de l'autre, sur la raison et la vertu.

Si Dieu, dès la création, a joint à l'autorité naturelle d'Adam une autorité surnaturelle en faisant de lui le premier des Patriarches et la figure du Christ à venir ; s'il l'a placé dans le paradis terrestre, figure de l'Eglise, « pour le cultiver et le *garder*, » à plus forte raison en est-il ainsi des rois chrétiens. Encore bien que cette mission soit principalement confiée aux pontifes dans l'ordre spirituel, les rois chrétiens, néanmoins, doivent y concourir en prêtant à l'Eglise l'appui de leurs lois et de leurs armes.

Si les nations sont l'accroissement et la multiplication de la famille, comme nous le voyons encore chez les Juifs, le pouvoir que s'arrogent les hommes de constituer arbitrairement les nations est une usurpation des droits de Dieu et de la Providence, de la nature et de la coutume.

CHAPITRE IV

DIFFÉRENTES FORMES DU GOUVERNEMENT

ET MAJESTÉ DE L'AUTORITÉ SOUVERAINE

I. Les formes gouvernementales de l'ordre temporel ne dépendent pas de la seule volonté des hommes ; c'est dans la nature, dans les mœurs, dans les événements providentiels qu'il faut en chercher l'origine, et les divers états de la famille figurent ces divers gouvernements.

Toute société complète implique, en effet, trois termes : le père, la mère, l'enfant; le pouvoir, le ministre, le sujet; la tête, le corps, les membres ; le tronc, les branches, le fruit ; le Pape, le clergé, les fidèles; le Roi, l'aristocratie, les citoyens.

La société spirituelle est toujours au complet. Nous y aurons toujours un père et une mère, le Pape et l'épiscopat; car le Christ ne nous laissera jamais orphelins. Mais dans les sociétés temporelles, tantôt les dynasties, tantôt les aristocraties s'éteignent. De là les diverses formes des gouvernements; de là la nécessité de la république, quand une nation n'a plus ni père, ni mère ; ni dynastie; ni noblesse. Dans la république, le Roi est remplacé par un Président ou par un César; la noblesse par l'administration. Ici le souverain, c'est la *communauté*, c'est le corps social uni par la religion, par la coutume et par les lois, les institutions et les mœurs.

Le gouvernement aristocratique et la république, soit démocratique, soit césarienne, sont des monarchies dégénérées. Aussi l'Ecriture remonte à l'institution primitive et ne s'occupe que des rois. La monarchie, de l'aveu de tous les sages, est le plus parfait des gouvernements. Elle maintient mieux, en effet, l'unité sociale; elle imite mieux le gouvernement royal et de Dieu et du Christ et de son Vicaire. Elle remplit mieux le but de l'ordre temporel, créé pour préparer, figurer la monarchie spirituelle de l'Eglise et s'y unir; union plus facile quand les institutions se ressemblent. Toutefois cette union ne tient pas seulement à la forme : la république de l'Equateur sert l'Eglise et la monarchie italienne la dépouille.

La famille est l'élément et la figure de l'Etat. Le prince est à la fois le père de son peuple et l'époux de la nation, comme le Pape est l'époux de l'Eglise et le père des fidèles. La langue vulgaire, les symboles de l'autorité confirment ces analogies.

Le prince et le Pontife reçoivent l'anneau nuptial. S'ils sont nos pères, l'Eglise et la patrie sont nos mères. Les fils de nos Rois sont par excellence « enfants de France, » et les aînés de la grande famille.

Le sceptre du Roi et la crosse du Pontife sont le symbole de leur autorité paternelle.

Epoux de la France, père de ses sujets, notre Roi, lui aussi, est fils de la patrie. Notre Saint-Père le Pape, époux de l'Eglise, est son fils par le baptême. Le Christ, nouvel Adam, « Père du siècle futur, est l'époux spirituel de l'Eve nouvelle et son fils. Fils de la France, fils de l'Eglise, fils de Marie, nous sommes les frères et du Roi, et du Pape, et du Christ. Dieu concentre dans le cœur des chefs des sociétés chrétiennes tous les saints amours de la famille qui les figure.

II. Toute autorité est une paternité soit naturelle, soit adoptive. Aussi Dieu renferme tous les devoirs des inférieurs dans cet unique précepte :

« Père et mère honoreras. »

Il ajoute : « Afin de vivre longuement, » pour nous faire entendre que la conservation de l'enfant est comme le prolongement de la génération; et que le ruisseau tarit en se séparant de sa source par la désobéissance.

Dieu lui-même attache son autorité à son titre de Père : « Si je suis Père, dit-il aux Juifs, où est l'honneur qui m'est dû. » (*Malac.*, i, 6.) Il veut que nous lui disions : Notre Père.

« Toute paternité au ciel et sur la terre, dit l'Apôtre, reçoit son nom du Père de Notre-Seigneur Jésus-Christ. » Ainsi, la paternité divine est le prototype et la source de toute autorité créée. L'autorité est le droit de l'auteur ou de son ayant-cause.

Si tout pouvoir est une paternité, le pouvoir, même dans les républiques, où la communauté est souveraine, ne vient pas des citoyens. Le père n'est pas engendré par ses fils; il tient son pouvoir immédiatement de l'Auteur de la nature. Sans doute, la royauté n'est plus aujourd'hui qu'une paternité adoptive, mais le père adoptif a tous les droits du père naturel, et, pas plus que celui-ci, ne les tient de l'enfant.

Il en est de même de l'autorité conjugale, figure de toute union sociale.

Adam tenait cette autorité de Dieu, et bien que les époux, depuis lors, soient unis de leur libre consentement, c'est de Dieu encore et non de son épouse que l'homme reçoit l'autorité. Le christianisme, en affranchissant la femme de la domination, n'a pas changé pour cela ses devoirs : il en est de même des nations.

Le christianisme repose sur l'amour, et l'amour n'accepte pas la contrainte. De là le libre choix que l'épouse chrétienne fait de son époux. De là l'élection du Souverain-Pontife et de nos dynasties nationales. Ces choix sont une acceptation et non une délégation du pouvoir, que Dieu seul peut donner. Dieu veut que la femme soit soumise à son mari, le peuple à son roi, l'Eglise au Vicaire de Jésus-Christ; aussi est-il impossible que l'inférieur donne le pouvoir au supérieur, alors même qu'il le choisit, « nul ne donnant ce qu'il n'a pas. » A plus forte raison ne vient-il pas de la foule. Il implique contradiction dans les termes que l'unité procède du nombre, comme le veut la théorie du suffrage universel.

L'opinion commune, dit Suarez, est que le pouvoir *vient immédiatement de Dieu*, comme auteur de la nature. Les hommes disposent pour ainsi dire la matière et rendent le sujet capable de recevoir le pouvoir, et Dieu donne à cette matière comme la forme..... Ainsi, dans le mariage, l'homme est le chef de la femme par l'institution de l'Auteur même de la nature, et non par la volonté de l'épouse; car, bien qu'il dépende de leur volonté de s'unir, néanmoins, s'ils se marient, ils ne peuvent déplacer l'autorité. *Point de pouvoir qui ne vienne de Dieu*, dit saint Paul; *celui qui résiste au pouvoir résiste à l'ordre établi de Dieu*. Donc, le pouvoir politique vient immédiatement de Dieu, et auparavant de personne autre. Le droit de vie et de mort, ajoute-t-il, le prouve, car de son chef l'homme ne saurait avoir un tel droit. *(De Leg.*, l. III, ch. III.)

De là ces paroles de l'Ecriture : « Tout pouvoir vient de Dieu. Le roi est le ministre de Dieu pour le bien; obéissez au roi comme au pouvoir suprême; toute paternité reçoit son nom du Père, de Notre-Seigneur Jésus-Christ, etc. »

Le souverain n'est pas toujours un monarque, car il y a des aristocraties et des démocraties souveraines; mais tout souverain n'est jugé que par Dieu. Si les rois sont jugés *dans l'ordre spirituel* par le Vicaire de Jésus-Christ, c'est parce qu'ils ne sont pas souverains dans l'ordre spirituel. Le Christ, dont les rois catholiques tiennent la place, est Roi des rois.

Quelle que soit la forme du gouvernement, celui qui institue peut seul destituer. Dans le libéralisme, la majorité institue et destitue le souverain. Dans le radicalisme, c'est l'insurrection. Dans le catholicisme, c'est Dieu, et la révolte n'est jamais permise contre un souverain légitime, soit prince, soit Sénat, soit communauté souveraine.

III. Dieu donne immédiatement le pouvoir au souverain.

L'Empire n'est pas une *monarchie royale*, c'est une république dictatoriale, comme les empereurs romains et français l'ont reconnu. Les monnaies de l'Empire en rendent témoignage. On lisait sur la face : *Napoléon, empereur des Français*, et au revers : *République française*. Sous cette forme de gouvernement, qui peut être légitime, quoique l'expérience lui soit peu favorable, le souverain, c'est le peuple. César est un mandataire révocable et responsable, comme Napoléon III l'a proclamé cent fois. Sa majesté était une majesté d'emprunt, car il n'était que le second de l'Empire, le peuple souverain ayant ici la première place. Il y a plus : pour Louis-Napoléon, le peuple souverain n'était pas *une communauté* guidée par la loi divine et par les coutumes nationales; c'était le suffrage universel et sans règle, une foule d'*individus égaux en droit;* c'était la force brute. L'autorité vient de Dieu seul, vient « du droit divin, » que repousse la révolution, pour placer dans l'homme seul la source et la règle du pouvoir.

Dans la monarchie royale, le fondateur reçoit immédiatement de Dieu le pouvoir. Ses successeurs le tiennent de lui par droit héréditaire et par la loi nationale qui fixe la couronne dans sa dynastie. Dans un certain sens on peut dire aussi qu'ils le tiennent de la nation. Ils le tiennent non pas de leurs contemporains, mais de cette nation qui ne meurt pas et qui n'est jamais décapitée, de cette nation dont le fondateur est toujours vivant dans ses successeurs et qui exprime sa volonté immuable par les lois fondamentales.

Le prince régnant dépend de la souveraineté nationale ainsi conçue, et doit plus que tous en prendre la défense. Ainsi fait Mgr le comte de Chambord; mais c'est précisément cette souveraineté glorieuse que 89 et le suffrage universel veulent renverser au profit de la « majorité des citoyens actifs. »

On enseigne que la souveraineté réside originairement dans la nation et non dans un *individu* déterminé. Il faut excepter toutefois le fondateur dont toute société est le développement. Abraham et le peuple juif, Clovis et la monarchie très chrétienne, et si nous remontons aux origines, Adam et l'humanité, le Christ et l'Eglise sont même chose, l'une en principe et confuse, l'au-

tre dans toute son expansion. (Voir chap. VIII, II.)

IV. Dans l'ordre temporel, le *souverain* tient de Dieu le pouvoir et relève de Dieu seul *dans l'ordre où il est souverain.* Aussi saint Thomas ne voit de remède à la tyrannie que dans l'autorité publique; autorité de la communauté, si le peuple est souverain, comme dans le droit césarien; autorité du supérieur, si le tyran est un vassal; autorité de Dieu seul, si toute autorité humaine fait défaut. Mais pour que Dieu écoute les plaintes du peuple, il faut qu'il se convertisse, car Dieu « fait régner les princes impies en punition des péchés du peuple. » (*De Reg. princ.*, l. I, ch. VI.)

Dans le droit chrétien, les peuples trouvaient un appui dans le Vicaire du Christ Dieu et Roi, Législateur et Juge des peuples chrétiens. Le Pape était le défenseur de la liberté non moins que de l'autorité.

CHAPITRE V

SCIENCE HUMAINE & SCIENCE CATHOLIQUE

I. L'ordre temporel et l'ordre spirituel sont unis par la volonté de Dieu.

Ne sachant rien de l'ordre surnaturel, principal objectif des attaques de la Révolution, la science humaine ne peut lutter contre elle. De là la nécessité d'une science catholique.

Toute science a pour base les faits — les lois qui les gouvernent — l'autorité des maîtres.

Sans la connaissance des faits, on s'égare dans les utopies.

Sans la connaissance des lois universelles, l'observation ne conduit qu'à la vraisemblance, des faits ultérieurs pouvant infirmer les premières conclusions.

Sans les maîtres de la science, l'homme, qui vit un jour sur la terre, sait peu de chose. Aussi « Dieu a confié chacun

aux soins de son prochain, » et il est écrit : Malheur à l'homme seul !

Or, sous ces trois rapports, la science catholique excelle.

Au lieu de docteurs qui souvent l'égarent, le peuple chrétien « est instruit par le Seigneur, » car la parole de l'Ecriture et de l'Eglise est la parole de Dieu.

D'autre part, la connaissance des faits est plus exacte et plus complète, parce que le catholique sait ce que Dieu a fait et veut.

Enfin la science catholique est plus lumineuse, parce qu'au lieu de rester dans les abstractions rationnelles, elle s'élève par la foi jusqu'aux raisons éternelles, la nature créatrice étant l'archétype de la nature créée. D'autre part, le catholicisme, quand on a la foi, nous instruit rapidement et facilement, parce qu'il se sert de comparaisons sensibles à la portée de tous les esprits.

II. En nous faisant connaître les origines de l'humanité, l'Ecriture nous dévoile l'ordre inviolable de la nature, comme elle nous révèle celui de la grâce en nous faisant connaître les origines de l'Eglise, figurée seulement avant l'Incarnation. L'ordre, en effet, est la disposition qui met chaque chose à sa place, à la place que la Sagesse de Dieu lui assigne. Or, Dieu nous révèle cette place par sa parole et par ses œuvres, car les premières choses sont parfaites. Principe et modèle de celles qui suivent, elles les contiennent virtuellement, comme les types de l'Observatoire contiennent virtuellement toutes les mesures métriques.

Adam, avant la chute, est le modèle de l'homme animal et raisonnable, comme le Christ est celui de l'homme spirituel. Basée sur la paternité et la propriété, sur la sagesse, la vertu et l'obéissance à la loi divine, l'autorité temporelle d'Adam est le modèle des pouvoirs terrestres, comme son mariage est celui de toutes les unions conjugales, sauf toutefois les perfectionnements surnaturels qui sont le fruit de l'Evangile. Pour revenir à l'ordre, il faut étudier ce que Dieu a fait d'abord en créant l'homme, puis quand il est venu sur la terre.

III. La science sociale catholique excelle non-seulement par l'autorité de l'Eglise et par la conformité des faits observés avec les lois de la nature et de la grâce, mais encore par la simplicité de son enseignement. Pourvu qu'on ait la foi, la lumière arrive à tous, car la famille est la douce figure de toutes les sociétés supérieures.

Quand nous savons que Dieu, le Pape et le Roi sont nos pères, que les chrétiens et nos concitoyens sont nos frères; quand la flamme sacrée de la piété filiale et du dévouement fraternel est allumée dans les cœurs par la charité, les chrétiens ont en eux la vérité et la vie, et possèdent la science qui contient toute la loi et tous les prophètes. C'est là la science de nos mères et de nos sœurs, fidèles gardiennes de notre foi et de nos traditions nationales ; c'est la science des fortes races de la Bretagne et de la Vendée, du Tyrol et de la Navarre ; la science des héroïques soldats de Castelfidardo, de Mentana et de Patay. Pour en acquérir l'intelligence il faut que le lettré commence par croire et par aimer comme eux.

Le caractère le plus saillant de la famille, c'est l'unité de son principe et l'union substantielle établies entre ses membres par les liens du sang. C'est par-là quelle est la figure des sociétés supérieures.

A la vue de son épouse, Adam s'écrie : « Voici maintenant la chair de ma chair et l'os de mes os. »

A son tour, le peuple d'Israël dit à David : « Nous sommes vos os et votre chair. » 1 *Par.*, XI, 1.)

L'Apôtre se sert également des mêmes paroles pour exprimer l'union du Christ et de l'Eglise. « Nous sommes de son corps, dit-il, nous sommes de sa chair et de ses os. » Vérité que nous comprendrons quand la résurrection développera la vie spirituelle de notre baptême.

Constituée sur le modèle de la famille et de la monarchie de Juda, faite à l'image de l'Eglise sa mère, la monarchie très chrétienne exprimait à son tour, dans les mêmes termes, l'indissoluble union du Roi et de la France.

A Pavie François Ier « avait tout perdu fors l'honneur. » Captif, désespéré de voir la France livrée sans chef aux factions et à la discrétion du vainqueur, il signa son abdication et le funeste traité de Madrid, qui livrait la Bourgogne à Charles-Quint, puis il vint en France pour presser l'exécution du traité et transmettre la couronne à son fils avec l'assistance des Etats-Généraux.

Alors la France dit au Roi : Nous sommes à vous, mais vous êtes à nous. Vous n'avez pas le droit de rompre par votre abdication le lien qui nous unit. La Bourgogne, à son tour, refuse au Roi et à la France le droit de sacrifier des enfants malheureux pour sauver les autres. D'une voix unanime, en présence même des ambassadeurs de Charles-Quint, les trois Ordres acclament les orateurs. Le clergé offre ses biens, la noblesse ses biens et tout son sang, le Tiers-Etat rivalise de dévouement avec les deux premiers Ordres. Etonné d'un si fier patriotisme, le vainqueur renonce à la Bourgogne et laisse la France acheter sa rançon et celle du Roi au poids de l'or (1).

(1) *Etats de Cognac en 1526, et Assemblée des notables à Paris en 1527.*

Après Sedan, nous aurions eu le même spectacle si la France avait conservé sa foi, son roi, ses traditions nationales; car les individus ont été dignes de leurs pères ; l'Alsace et la Lorraine dignes de la Bourgogne.

CHAPITRE VI

DÉVELOPPEMENT DU PEUPLE DE DIEU DANS LE TEMPS

I. Suivons à travers les âges le développement que Dieu donne à son œuvre dans les sociétés qu'il gouverne lui-même.

Sans la chute, le genre humain aurait formé une seule famille, gouvernée par un père immortel, et sous son autorité par ses fils, pères des tribus et des nations.

Toutefois, comme le pouvoir paternel ne dépasse pas les limites du foyer domestique, la naissance est une sorte de pouvoir d'ordre qui ne confère pas de plein droit la juridiction politique. Le père du genre humain, chargé de gouverner toute la terre dans la justice (*Sag.*, ix, 3), aurait délégué implicitement ou explicitement la mission temporelle aux chefs et assigné aux nations leur territoire, puisqu'il en avait reçu de Dieu le haut domaine. De plus, comme l'exemption du péché originel n'aurait pas confirmé dans la justice les enfants d'Adam, et qu'il y aurait eu parmi eux inégalité d'aptitudes, de sagesse et de vertu, c'était au chef du genre humain à surveiller la hiérarchie. (*Somme*, 96, 100 et 101.)

Par sa désobéissance, Adam perdit la vie surnaturelle et dégrada la nature. Mais aussitôt Dieu promit un Sauveur aux hommes et la victoire de la Vierge immaculée sur le serpent.

L'humanité, depuis lors, se partage en deux partis mêlés et connus de Dieu seul quant aux individus, mais qui forment deux sociétés visibles à tous.

D'un côté, le peuple héritier des promesses, instruit par les prophètes, gouverné par les envoyés de Dieu, et qui conserve la religion et les mœurs, l'autorité légitime et la liberté, son territoire et sa nationalité, grâce « au droit divin » promulgué par la loi de nature sous la tente du Patriarche; par la loi écrite chez les Hébreux ; par la loi de grâce dans l'Eglise catholique, qui succède au peuple juif. De l'autre, les nations dominées par l'homme déchu et qui tombent sous le triple joug de l'idolâtrie, du despotisme et de la chair. Ce triple joug aura toute sa puissance sous l'Antechrist, et amènera la dernière victoire de l'Eglise ici-bas, et son triomphe éternel.

Dieu rétablit chez les Hébreux l'ordre brisé par la chute. Son peuple est une grande famille engendrée par le Père des croyants. Royauté, sacerdoce, propriété, tout est héréditaire, car « c'est la loi d'Adam, » comme parle David. Mais il faut recevoir avec le sang l'esprit des ancêtres. Si vous êtes enfants d'Abraham, faites les œuvres d'Abraham; si vous êtes fils de saint Louis, faites les œuvres de saint Louis. De plus, Dieu fait exception aux lois de la nature quand elles ne concordent pas avec les desseins de la grâce. Jacob, fils de la promesse, supplante Esaü. Lui-même substitue Juda à ses aînés, et Dieu rejette Saül. Dans ces trois circonstances, toutefois, l'exception confirme la règle. Esaü avait vendu son droit d'aînesse. Jacob constate le droit de ses fils en les en privant à cause de leur crime, et le prophète dit à Saül que Dieu aurait donné le sceptre à sa maison s'il avait obéi à ses ordres.

II. Au milieu des temps, le Christ apporte du ciel l'ordre éternel, spirituel, céleste, qui n'était encore que figuré et préparé chez les Hébreux, et Dieu envoie son Esprit pour renouveler la face de la terre. Le Christ apporte à la terre un sacerdoce éternel, une royauté spirituelle qui n'aura pas de fin.

Dans la société ecclésiastique, l'ordre remplace l'hérédité, et la juridiction découle exclusivement d'une mission divine. L'hérédité persiste dans la société laïque chrétienne, mais elle est subordonnée à l'ordre spirituel, auquel les rois catholiques participent dans une certaine mesure, comme « médiateurs du clergé et du peuple. »

Pour comprendre la société politique chrétienne, il faut étudier l'Eglise et le développement des trois pouvoirs que le Pape a reçus comme chef et de l'Eglise proprement dite, et de la Chrétienté, et des Etats du Saint-Siége; trois pouvoirs dont le *trirègne* est le symbole. Les trois pouvoirs, symbolisés par les trois couronnes de la tiare, sont en germe dès l'avènement du Christ. Il a confié à son Vicaire les clefs du royaume des cieux et les deux glaives qui suffisent à la défense de la vérité et de l'Eglise. Le Christ lui-même a ces trois pouvoirs, encore bien qu'il en laisse sommeiller deux. Il est, en effet, roi des Juifs comme fils de David. Ce titre figure sur la croix, et l'ange annonce à Marie que le trône de David lui sera rendu. Il est, en outre, comme nouvel Adam, comme Réparateur du genre humain, le Prince des rois de la terre. Enfin, il est Roi céleste comme Fils du Dieu vivant.

Avant tout, le Christ est Roi pour rendre témoignage à la vérité, comme il le dit à Pilate, et ce témoignage, il le rend par ses exemples, par sa parole et par son sang. C'est par là qu'il ouvre le ciel aux hommes. Il organise cette royauté divine, et la délègue à son Vicaire avant de remonter au ciel. Il lui donne les clefs du royaume des cieux, une foi infaillible pour enseigner les pasteurs et les fidèles et confirmer ses frères, et fait de lui le fondement inébranlable de l'Eglise qu'il édifie. Ces priviléges, il les donne à Pierre, parce qu'il aime son maître plus que les autres, et qu'avant les autres il a le bonheur de confesser sa divinité.

C'est avec les armes spirituelles de l'amour et de la foi, de la vérité et du martyre que le Vicaire de Jésus-Christ doit vaincre l'empire de César et faire de la Babylone, mère de toutes les idolâtries, de toutes les cruautés, de toutes les corruptions de la terre, la sainte Jérusalem des temps nouveaux.

Après trois siècles, Rome païenne est vaincue. Constantin rend la paix à l'Eglise et prépare un ordre nouveau en transportant à Constantinople le siége de l'Empire. Les deux pouvoirs, les deux sociétés sont unis par une même foi confiée à la garde du Pontife romain; mais chaque pouvoir est indépendant dans sa sphère, en attendant la germination de l'ordre nouveau semé dans Rome par la translation de l'Empire. L'arbre croît lentement sous l'œil de la Providence, et apparaît à la conversion des Francs lorsque Clovis, en déposant sa couronne sur la tombe sacrée de Pierre en signe de dévouement filial au Roi des rois et à son Vicaire, pose le fondement de la Chrétienté.

Le Christ est alors honoré non plus seulement comme Prince des pasteurs, comme prêtre éternel, comme Docteur de justice, mais encore comme Prince des rois de la terre, et son Vicaire devient le chef spirituel de la Chrétienté, fille de l'Eglise. C'est alors, suivant le cardinal Sarleto, cité dans le Dictionnaire de Moroni (t. 84, p. 37), qu'une seconde couronne est ajoutée à la tiare. L'Eglise, en effet, entrait avec Clovis, son fils aîné, dans son règne social, pour christianiser les mœurs, les lois, les institutions, les armes des nations. L'épée romaine de Paul, changée en

glaive spirituel, défend contre les su
perbes les clefs qui ouvrent le Ciel aux
humbles. *Hinc humilibus venia.—Hinc re
tributio superbis,* disent les inscriptions
des deux statues du pont Saint-Ange.

Le Christ disait à sainte Brigitte que
Pierre représente tout le sacerdoce, Paul
tous ses amis laïques. (*Rév.*, l. II, ch. VII.)
Pierre alors serait l'Eglise et Paul la
Chrétienté. C'est avec les clefs de Pierre
et l'épée *spirituelle* de Paul que le Vi
caire de Jésus-Christ gouverne l'Eglise
universelle, gouverne les rois et les
peuples non moins que les diocèses et
leurs pasteurs.

Pour assurer l'exercice de ce double
pouvoir spirituel, la Providence, trois
siècles après Clovis, a donné des Etats
temporels, un glaive temporel à son
Vicaire. Une troisième couronne s'a
joute à la tiare. Pépin, Charlemagne,
la comtesse Mathilde ont la gloire de
la consolider sur sa tête. Le Pape de
vient le frère des rois ses fils. Puis
Léon III achève l'édifice de la Chré
tienté. En constituant le Saint-Empire
romain, il donne à l'Eglise romaine
l'épée et le bouclier de Charlemagne.
Alors le *Christ vainqueur, commande,
règne et préserve son peuple de tout mal.*
L'or français et l'obélisque du Vatican
attestent à l'univers cette victoire et ce
règne.

III. L'ordre civil est christianisé par
les exemples, les enseignements et l'au
torité de l'Eglise romaine. Les rois aident
les évêques de nos âmes en protégeant
leur liberté. L'ordre temporel, terrestre,
humain, sorti de la création, est subor
donné à l'ordre spirituel, éternel, chré
tien, fruit de l'incarnation et du bap
tême. L'humanité est régénérée. Dans
son vaste sein, l'Eglise catholique doit
réunir non-seulement les fidèles et le
clergé, mais tous les hommes et toutes
les familles, toutes les nations et tous
les rois. L'Etat est une Eglise extérieure;
le prince un évêque du dehors. *Il règne
par la grâce de Dieu,* par la grâce du
Christ, *dont il porte le nom et tient la
place,* dit la liturgie. Lui aussi doit dé
fendre et propager le règne et la justice
de Dieu, et la liturgie nous apprend
que telle était la grande mission de la
France dans tout l'univers.

Oints de l'huile sainte qui consacre
les Pontifes et les prophètes, les rois
sont associés, mais seulement dans les
choses du dehors, au sacerdoce royal du
Christ. Aussi, dans la Jérusalem céleste,
« ils apporteront leur gloire et leur hon
» neur, la gloire et l'honneur des na
» tions. » (*Ap.*, XXI, 24-26.)

Ils y auront, dit saint Thomas, le rang
suprême. La maison des autres sera com
me la maison de David, parce que tous se
ront rois et règneront avec le Christ; mais
la maison de David sera comme la maison
de Dieu, parce qu'ayant fait l'office de
Dieu parmi le peuple en régnant fidèle
ment, ils seront récompensés en appro
chant plus près de Lui. (*De Reg. Prin.*, l. I,
ch. XI.)

Les rois perdent le droit divin quand
ils sont séparés de l'Eglise par le schisme,
l'hérésie ou l'excommunication. Les
rois catholiques l'abdiquent implicite
ment par le gallicanisme et le libéra
lisme pour se restreindre aux infirmités
du seul droit humain. Napoléon Ier en
brisait le canal en prenant la couronne
sur l'autel le jour de son sacre pour la pla
cer lui-même sur sa tête. Les hommes
transmettent le droit humain; seule
l'Eglise peut déléguer le droit divin, et
dès lors le retirer.

Le droit social du Moyen-Age repo
sait sur un triple principe :

Droit du Pape de diriger la cons
cience des chrétiens; de lier et de
délier sur la terre ce qui est lié et délié
dans le ciel;

Droit du Pape de retirer au prince in
fidèle le pouvoir surnaturel, divin, qu'il
tenait de l'Eglise et du Christ, car celui
qui institue peut destituer son manda
taire infidèle;

Droit des nations catholiques d'être
gouvernées par un roi catholique, alors
surtout que ce droit était, comme en
France, la loi fondamentale de l'Etat. Par
l'apostasie du prince, les peuples, avec
l'autorisation du Vicaire de Jésus-Christ,
étaient à leur tour déliés. La juridic
ion pontificale impliquait les droits dec
peuples non moins que ceux de l'E
glise. De là la Ligue et la Bulle de
Sixte V *Ab immensa.*

N'est-il pas étrange de voir l'école
libérale, qui repousse avec fureur le
droit divin et *clérical,* qui demande un

Etat et un roi laïques, faire un crime aux Papes d'avoir enlevé ce droit divin aux rois infidèles à leurs serments? Comment ceux qui ont détrôné Charles X, parce que, disaient-ils, il avait violé la Constitution qu'il avait jurée, peuvent-ils reprocher aux Papes d'avoir délié les peuples, quand les rois violaient la loi fondamentale qu'ils avaient solennellement juré d'observer et qui était la condition du contrat formé devant l'Eglise?

Le consécrateur, en effet, demandait au prince s'il voulait garder la foi traditionnelle catholique, — protéger les églises et leurs ministres, — gouverner selon la justice et la coutume. Après le serment du roi, il demandait au peuple s'il voulait obéir au roi comme au pouvoir suprême, selon l'ordre de l'Apôtre, et c'est après cette double promesse qu'il couronnait le roi, en lui rappelant les bases multiples de sa puissance : le droit national, l'hérédité, le pouvoir qu'il recevait de Dieu et enfin la tradition que lui en faisaient tous les évêques et autres serviteurs de Dieu (1).

L'Eglise, qui avait reçu le serment du prince, veillait à son observation, dans son intérêt comme dans celui du peuple.

(1) *Cérémonial français*, sacre de Louis VIII.

CHAPITRE VII

SUBLIMITÉ ET SIMPLICITÉ DE LA SCIENCE CATHOLIQUE

I. La Paternité divine architype de l'Autorité. — II. L'Union conjugale et l'Église. — III. Le Gallicanisme
IV. La Monarchie très chrétienne. — V. Composition du Sénat dans la Monarchie royale.

I. De Maistre attendait pour les sciences sociales une lumière supérieure qu'il nomme la *métapolitique*. Cette science, nous l'avons dans le catholicisme. Elle repose sur ces deux principes : La famille figure toutes les sociétés supérieures, et la société divine est le suréminent archétype des sociétés créées, car la Trinité créatrice laisse en toutes ses œuvres ou ses vestiges, ou son image, ou sa ressemblance.

Si un philosophe voulait prouver qu'un fils ne peut engendrer son père, il dirait : Cela ne s'est jamais vu (preuve de fait). Cela ne se verra jamais, parce qu'il y aurait contradiction dans les termes (preuve de raison). Si on lui demandait la cause de cette impossibilité, il invoquerait les lois de la nature et la volonté de Dieu, son législateur. Là s'arrête la science humaine.

Sur ses ailes de la foi, la sagesse chrétienne monte plus haut. Ayant appris de l'apôtre que « *toute* paternité » au ciel et sur la terre, reçoit son nom » du Père de Notre-Seigneur Jésus-» Christ » (Eph., III, 15), en d'autres termes, que la paternité divine est l'archétype éternel de toute paternité créée, le chrétien saisit par là, dans sa source éternelle, l'inviolable loi de toute génération.

L'exemple que nous avons choisi est trop évident pour avoir besoin de preuves si hautes, mais elles sont nécessaires quand nous passons de la paternité naturelle à la paternité sociale, soit civile, soit religieuse; elles montrent au catholique l'absurde impiété et l'impossibilité absolue de la *Constitution civile du clergé* et de la souveraineté du peuple de 89, même dans les républiques. Aussi, dans l'Ecriture, on ne trouve pas trace de la souveraineté populaire.

Le Christ s'enfuit et reste seul quand la foule veut le faire roi. (Jean, VI, 15.) Le pouvoir descend d'en haut, suivant l'ordre hiérarchique. « Obéissez au roi, dit l'Apôtre, comme au pouvoir suprême, et aux chefs comme à ses envoyés. »

II. La famille étant la figure de toutes les sociétés supérieures, il est très important d'en étudier la constitution. Elle comprend le père, la mère, l'enfant, le lien qui les unit et qui rétablit l'unité sans rien confondre. Mais ces quatre choses se réduisent à trois, parce que « l'époux et l'épouse ne sont plus deux, mais une seule chair. » Aussi, la femme ne s'appartenant plus, perd son nom pour prendre celui de son mari, et cela depuis la création.

La Genèse, après avoir rappelé que Dieu fit l'homme à sa ressemblance et qu'il créa l'homme et la femme, ajoute : Et il les nomma Adam, *et vocavit nomen eorum Adam*. Un seul nom, parce qu'il n'y a plus dans la société conjugale qu'une seule personne sociale, tant est étroite l'union des époux. Il fallait qu'il en fût ainsi pour figurer l'union du Christ et de l'Eglise, et celle de l'humanité et de la divinité dans la personne du Verbe.

Le Christ, dit saint Augustin, est époux et épouse, *se dixit sponsum et sponsam*. Or, bien qu'il y ait là deux volontés, l'humanité n'a pas de personnalité distincte de la personnalité divine du Verbe. Il en est de même dans l'union de la puissance et de la sagesse divines, qui est comme le sein où est conçu le Fils de Dieu. *Parturiebar — conceptus sum — ex utero genui te*. La puissance et la sagesse divines sont choses distinctes, mais si étroitement unies qu'elles ne forment qu'une seule personne, la personne du Père. Ainsi la figure et les archétypes sont en parfaite harmonie.

La femme doit obéissance à son mari parce qu'elle a été tirée de l'homme, et l'homme doit déférence et soins empressés à sa femme, parce qu'elle est son corps, sa chair. Sans que la hiérarchie soit détruite, sans que les deux volontés se confondent, elles appartiennent à une même personne sociale. Par obéissance et par amour, la femme veut ce que veut son mari, et l'époux, par déférence et par amour, veut ce que veut son épouse. L'époux a besoin de l'aide de sa femme, et la femme a besoin de l'autorisation de son mari, qui est le chef de la communauté. Pour l'enfant, il n'y a qu'un principe de vie, qu'une autorité, les époux étant aussi unis que le corps et la tête. « Le fils quittera son père et sa mère pour s'attacher à son épouse ; » mais les époux sont inséparables.

L'union conjugale est la figure de l'union du Christ et de l'Eglise, qui est son corps et prend son nom, car par ce nom, suivant saint Augustin, il faut entendre et le chef de l'Eglise et l'union du corps et de la tête (1). C'est aussi la figure de l'union du Roi et de la patrie, que nos pères ne séparaient jamais.

III. L'union conjugale jette un grand jour sur les erreurs du gallicanisme et du libéralisme.

Etabli par l'Esprit-Saint pour gouverner l'Eglise de Dieu, l'épiscopat est l'aide du Pape et un aide semblable à lui. Inspirés du même Esprit, le Pape et l'épiscopat ne sont pas deux pouvoirs rivaux, et leur jugement est toujours d'accord. Par obéissance et par foi en son infaillible autorité, l'épiscopat, dispersé ou assemblé, juge avec le Pape et comme le Pape. Par déférence et par confiance en l'Esprit qui dirige l'épiscopat, le Pape, sans oublier toutefois qu'il est le chef de l'Eglise, et que c'est à lui de confirmer ses frères, juge avec l'épiscopat fidèle et comme lui. L'erreur du gallicanisme est de diviser ce que Dieu a uni et de voir deux autorités où il n'y en a qu'une, le Pape et l'épiscopat fidèle étant inséparables. La seconde erreur était de placer le Concile au-dessus du Pape, le corps au-dessus de la tête, l'épouse au-dessus de l'époux, le nombre au-dessus de l'unité qui le mesure. L'époux et l'épouse, le Pape et l'Eglise ne sont plus deux, le Pape ne faisant rien sans l'aide expresse ou implicite de l'épiscopat, et l'épiscopat ne pouvant rien sans l'autorisation du Pape. L'Eglise étant une, « là où est le Pape, là est l'Eglise » ; là où est la véritable Eglise, là aussi est le Pape ; le corps et la tête sont inséparables. Point de Concile sans le Pape.

Le Christ et l'Eglise forment une seule personne, dit saint Augustin : *Fit ex duobus una quædam personna, ex ca-*

____

(1) *Totus Christus et caput et corpus est.* (Sermon, 137, 1 et autres.

pite et corpore, ex sponso et sponsa. (*In Psal.*, xxx, 4.) Il en est de même du Pape.

Quand le Concile a décrété l'infaillibilité du Pape, ce n'est pas l'opinion d'un docteur privé, d'un saint évêque qu'il a glorifiée, c'est l'autorité de l'Eglise entière, puisqu'elle est inséparable de son chef et que la gloire de l'époux rejaillit sur l'épouse ; c'est l'autorité du Vicaire de Jésus-Christ et dès lors du Christ lui-même qui parle en lui quand le Pape juge *ex cathedra.* Figure de l'étroite union du Pape et de l'Episcopat, du Christ et de son Vicaire, de l'humanité du Christ et de sa divinité , un ménage vraiment chrétien donne une idée plus vraie dès rapports de l'Eglise et de son Chef que les volumes de controverse gallicane où le grand Bossuet lui-même s'égare.

IV. Le mariage figure également l'union du Prince et de la Patrie, du pouvoir et du ministre, du prince et de ses féaux dans la monarchie très chrétienne, féaux qu'il s'engageait à consulter le jour de son sacre. Ce ministère royal, permanent comme la dynastie, était la Cour des Pairs et du Parlement : pairs ecclésiastiques et laïques, princes du sang, maréchaux de France, magistrats du premier corps judiciaire. Ainsi constitué, le Parlement représentait la France ecclésiastique, féodale, dynastique, judiciaire et militaire, en un mot l'aristocratie, et avait le Roi pour chef. Ce grand corps était le gardien fidèle des lois fondamentales, le défenseur de l'autorité royale et des libertés du peuple, l'aide et le conseil suprême du Roi, le haut tribunal d'où relevaient les conseils administratifs et législatifs, non moins que les décisions des Etats-Généraux ; car les Etats-Généraux représentaient les sujets de toutes les classes, mais ne participaient *en rien* à l'autorité royale. Le Parlement en était au contraire le prolongement ; il ne pouvait rien sans le Roi, mais le Roi était aidé par son Parlement, qui enregistrait, *vérifiait* les traités et les lois, jugeait les grands vassaux. C'était comme le corps de la royauté, qui ne faisait rien d'important sans lui.

Représentants de la propriété ecclé-siastique, féodale et privée, les Etats-Généraux votaient les nouveaux impôts. Représentants de l'opinion publique, de l'opinion de tous les Ordres de l'Etat, ils avaient la puissante *influence* que donne le suffrage universel. Et comme alors la loi salique était écrite ès-cœurs de tous les Français, cette influence était prépondérante dans les questions de droit dynastique. Représentants d'un peuple libre, leur consentement donnait une grande *force* à la loi, que le Roi seul promulguait, parce qu'il avait seul *l'autorité* souveraine, dont il usait pour le bonheur de son peuple, pour la gloire de Dieu et selon la coutume.

Avant le XVIIIe siècle, le corps judiciaire, fraction du Parlement, n'avait pas imaginé d'usurper les droits du corps entier et de se poser en pouvoir indépendant. Jusque-là il avait mis sa gloire dans sa fidélité au Roi, son chef, mais fidélité qui n'avait rien de servile.

V. Des principes que nous venons d'exposer il faut conclure qu'une Chambre haute (Chambre des Pairs, Parlement, Sénat) étant l'aide du Roi dans la monarchie royale, et un aide semblable à lui, doit tirer de lui son origine, la tirer non de sa volonté privée, mais de l'autorité royale, dont elle est le prolongement ; cette Chambre doit être héréditaire dans une monarchie héréditaire. C'est ce qui a lieu en Angleterre, et ce qui existait dans l'ancienne monarchie française. Les scandaleuses fournées de pairs en substituant les intrigues des ministres et le favoritisme du prince à la volonté royale, qui s'exprime par des lois et des institutions permanentes, dénaturaient complètement l'esprit de l'institution de la pairie.

Mais l'hérédité n'existant plus en France par suite des principes de 89 et du Code civil, qui ont tout individualisé, égalitarisé, il faut y suppléer en composant le Sénat des grands corps de l'Etat, où des traditions finiront par se former, si l'autorité légitime est restaurée d'une manière durable. Les éléments d'un Sénat moderne sont : le clergé, représenté par les Cardinaux et les évêques des anciennes pairies ecclésiastiques ; les amiraux, maréchaux et plus anciens commandants en chef ; les présidents et plus anciens magistrats des Cours des Comptes et de Cassation ; les propriétaires fonciers le plus en vue dans chaque département par leurs services, leurs vertus, leur fortune, leur notoriété provinciale. Par le choix du Roi les fils succéderaient aux pères quand ils rempliraient les mêmes conditions, et en attendant que les familles, si c'est possible, se reconstituent d'une manière durable. Gardien des traditions nationales, le Sénat devrait se borner à la vérification des lois, en laissant à la Chambre élue la représentation des intérêts du jour ; des intérêts de la propriété, de l'industrie, du commerce, des ouvriers, des patrons, des corporations ; familles, communes et provinces.

On pourrait néanmoins conserver dans la monarchie royale une seconde chambre formée comme notre sénat actuel, mais sans sénateurs à vie. Toutefois il faudrait adjoindre aux conseillers municipaux les plus imposés, et aux conseils généraux et d'arrondissements les magistrats du ressort. Cette chambre est nécessaire en effet pour représenter des intérêts que le suffrage universel pourrait par fois sacrifier. Mais au-dessus des deux chambres que nous avons il est indipensable d'établir une assemblée perpétuelle non élue avec la mission et formée sur les bases que nous avons indiquée, puisqu'il n'y a plus de noblesse sociale. S'il faut des corps qui représentent les intérêts individuels et passagers des citoyens, il en faut un qui représente les intérêts moraux et perpétuels de la nation, et cela sans déplacer l'autorité souveraine, qui, dans la monarchie, appartient au roi seul. Il faut des lois fondamentales nées de la coutume, et un corps respecté qui en ait la garde.

La théorie constitutionnelle des trois pouvoirs est la négation de la raison et de la foi, de l'expérience et du bon sens, des loix de Dieu et de la nature. Le libéralisme a imaginé de nier le droit divin et de faire trois pouvoirs égaux du père, de la mère et des enfants : du prince, de l'aristocratie et des citoyens. Le parlementarisme est le pendant du gallicanisme et la constitution civile du clergé répond au suffrage universel.

CHAPITRE VIII

LOI ESSENTIELLE DES ÊTRES. TRIPLE VIE DANS LA SOCIÉTÉ

VIE GÉNÉRALE — VIE INDIVIDUELLE — VIE COLLECTIVE

I. L'Ecriture résume dans une même formule la loi constitutive de tous les êtres, et dès lors de toutes les sociétés. Dieu, nous dit-elle, a tout constitué dans la *mesure, dans le nombre et dans le poids*. En d'autres termes, tout être dans son unité absolue implique trois unités relatives : l'unité générale, principe et mesure des unités individuelles ; les unités individuelles qu'elle engendre ; la force, enfin, qui unit entre elles et à leur centre les unités individuelles pour rétablir l'unité et former une unité collective. Cette force, dans le monde physique, c'est la cohésion, l'attraction, la gravité ; l'esprit de famille et les liens du sang dans la société domestique ; l'esprit public et national dans l'Etat ; la charité et le sang du Christ dans l'Eglise, l'Esprit-Saint dans la société divine.

La mesure, en toute société, c'est l'autorité, la paternité : c'est le père dans la famille, le souverain dans l'Etat, le pasteur dans la paroisse, l'Evêque dans le diocèse, le Pape dans l'Eglise militante, le Christ dans l'Eglise universelle, et il est écrit : Soyez parfaits comme votre Père céleste est parfait. La mesure des mesures, c'est Lui.

Chaque membre d'une société reçoit

une triple vie : une vie générale, confuse, impersonnelle dans le chef de la société, qui renferme virtuellement tous ses membres ; une vie propre, personnelle, distincte, incommunicable ; enfin la vie collective, qui ramène l'unité sans rien confondre, sans rien centraliser, et conserve la distinction des choses en empêchant qu'elles se divisent. Il n'y a plus alors dans la société qu'un cœur et qu'une âme.

Théologiquement, mathématiquement, expérimentalement, l'unité numérique ou individuelle procède de l'unité générale ou de mesure. Le père précède les fils qu'il engendre ; le souverain, les citoyens qui lui doivent l'existence sociale ; le pasteur précède les fidèles qu'il engendre à la foi.

L'inverse est absolument impossible. L'élection d'un souverain est un trompe-l'œil, car elle ne fait que le mettre au lieu et place du fondateur.

Quant au lien social, il procède des deux premiers termes, car pour que l'amour unisse, il faut la réciprocité ; il faut que la piété filiale se joigne à l'amour paternel.

La Révolution réduit tout à l'individualisme. De là la suprématie du nombre, car lorsqu'il n'y a que des unités numériques égales, le grand nombre l'emporte en effet. De là le panthéisme, le parlementarisme, l'omnipotence du suffrage dit universel, le règne de l'opinion dominante, le despotisme des majorités, que le gallicanisme introduisait jusque dans l'Eglise.

Sans doute, comme individu, le chef d'une société est l'égal de ses fils. Il usurpe dès lors quand il substitue son opinion personnelle, sa volonté propre à la sagesse et à la volonté royale, à la volonté souveraine guidée par la loi divine et par les coutumes nationales, éclairée par les conseils publics, promulguée dans les formes qui protègent la liberté, approuvée par la conscience publique, par la conscience des gens de bien et des hommes éclairés de la patrie.

Une Assemblée souveraine n'est pas moins coupable quand la majorité dit, comme César : « Tout ce qui me plaît a force de loi. »

II. *De son chef,* l'homme n'est qu'un ndividu de même nature que ses frèrest et dès lors sans autorité sur eux. C'est Dieu qui en fait une personne publique en lui déléguant l'autorité dont la paternité naturelle ou adoptive et la mission sont la source ; paternité et mission humaine dans l'ordre temporel, paternité et mission divine dans l'ordre spirituel. Sans Dieu point de pouvoir, ni dans la république ni dans la monarchie, ni dans le prince ni dans le suffrage universel. En repoussant « le droit divin, » c'est-à-dire en repoussant le droit naturel des pères et de l'hérédité dans l'ordre temporel, en repoussant le droit surnaturel, dont le Christ et l'Eglise sont la source, et toute mission d'en haut pour lui substituer la constitution civile du clergé et l'appel au peuple, 89 a brisé tous les canaux de l'autorité. Il ne reste alors qu'une force brute guidée par l'enfer ; témoins la convention et la commune qui l'ont transporté sur la terre de France.

C'est comme représentant de l'autorité de Dieu et du Fondateur, comme animé de leur esprit, comme représentant de toute la nation, dont il est le père, comme gardien du dépôt de la vie nationale, qu'un souverain a le pouvoir. Alors le souverain est la nation tout entière, de même qu'Adam était l'humanité entière. Adam était l'homme universel. De là le péché originel ; de là aussi le salut, tous les chrétiens étant régénérés dans le Christ, qui est le nouvel Adam.

« Par un homme, dit l'Apôtre, sont venus la mort et la résurrection ; tous sont morts en Adam et tous seront vivifiés dans le Christ. » (I *Cor.*, xv, 21-22.)

C'est parce qu'Abraham, père des croyants, était le peuple juif tout entier, et même à cause du Christ, l'Eglise entière, que le peuple juif et toutes les nations ont été bénis en lui.

C'est parce que David était tout Israël que 70,000 hommes furent frappés de la peste, à cause de l'orgueilleux dénombrement qu'il avait fait de son peuple (1). Mais aussi c'est parce qu'il était agréable et fidèle à Dieu, que Dieu lui promit de ne jamais rejeter sa mai-

____

(1) II *Reg.*, XXIV.

son, et se contentait d'en châtier les crimes. (*Ps.* 88.)

C'est à cause de Clovis, cet autre David, comme l'appelle Baronius, que la France et ses rois sont bénis, et que la miséricorde de Dieu, suivant une tradition qui remonte à saint Remi, sera toujours pour nous plus grande que sa justice, mais aussi que sa justice est plus sévère que pour les autres nations ; double privilége que de Maistre ne se lassait pas d'admirer.

C'est parce que Louis XIV était la maison de France et la France, que son inconsciente apostasie gallicane fut une apostasie nationale, et que, malgré son repentir, sa Maison et la France ont été solidaires d'une faute qui est l'origine des désastres de la branche aînée et de notre patrie.

Mais aussi de la même source est venu le salut. C'est parce que Louis XVI était la France, que son sang innocent expie et supplie pour la France et pour sa Maison. « Il convenait qu'un homme mourût pour le peuple, » disait la Reine dans sa douleur et dans sa foi.

Ne soyons donc pas surpris si, pour nos pères, le Roi était la France entière. Chacun se sentait vivre en lui : gloire et revers, tristesse et joie, tout alors était commun entre le père et les enfants. C'est ce qui frappait d'admiration l'étranger, comme Yung le constate. Une étincelle de cette vie nationale existait encore quand, le 29 septembre 1820, Louis XVIII s'écriait du haut du balcon des Tuileries : « Un enfant nous est né ! » et que la France, ivre de joie, se sentait la mère de l'enfant Dieudonné.

L'union de Pie IX et de l'Eglise peut nous faire comprendre cette unité d'âme et de cœur que le christianisme établit dans une nation.

CHAPITRE IX

LA FRANCE & LE DROIT DIVIN

I. Pour enchaîner la satanique puissance de la Révolution, il faut la Sagesse et la Force de Dieu. Il faut « le droit divin, » c'est-à-dire le règne religieux et social du Christ, et que la société civile, non moins que la société ecclésiastique, reconnaisse l'autorité *spirituelle* de son Vicaire. Rome est la Jérusalem des temps nouveaux. « Les rois des nations » y entreront, et tout royaume, toute » nation qui ne la servira pas périra. » (*Isaïe*, lx, 12.) Les nations trouvent la vérité et la vie en entrant dans son sein, et la retrouvent en y rentrant, « car Dieu a fait les nations guérissables, » mais guérissables par le droit divin, dont l'Eglise a la garde.

Malheureusement, depuis la Réforme, on sépare de plus en plus tout ce que Dieu a uni : la raison et la foi, le sacerdoce et l'Empire, l'Eglise et l'Etat, l'ordre naturel et l'ordre surnaturel. Cette séparation, consommée en 89 par *la Déclaration des droits de l'homme et du citoyen*, est la base de la civilisation moderne. Les plus fidèles n'échappent pas à son influence délétère ; ils donnent des armes au libéralisme en diminuant la vérité chrétienne par des omissions périlleuses qui profitent à leurs adversaires.

L'Eglise, disent-ils, est bien régie par le droit divin, parce qu'elle est l'œuvre du Christ et de la grâce. Mais l'ordre temporel, œuvre de la création et de la nature, est régi par le droit humain.

Ces maximes sont incontestables ; mais les rois et les peuples *catholiques* ne sont-ils pas dans l'Eglise ? Ne reçoivent-ils pas d'elle une surabondance de vie que n'ont pas les rois et les nations infidèles ? Les rois catholiques sont « les médiateurs du clergé et du peuple », de même, dit la liturgie, que le Christ est « le Médiateur de Dieu et des hommes. » N'appartiennent-ils pas, dès lors, à l'ordre temporel et à l'ordre spirituel, à l'Eglise et à l'Etat?

Le médiateur, en effet, participe aux deux choses qu'il unit : *Mediator unius non est.* (*Gal.*, III, 20.) Les rois sont à la fois évêques du dehors et chefs temporels des peuples qui, avec eux et par eux, participent à la vie chrétienne en tant que nations, grâce aux institutions chrétiennes.

L'onction sacrée fait du Prince un autre homme. (I. *Reg.*, x, 6.) Il reçoit mission d'arracher le peuple de Dieu à ses ennemis. (*Ib.* i.) C'est à ce signe que sont marqués Saül et David, Clovis et Charlemagne, et dont seront marqués Henri V et Charles VII, pour tuer la Révolution.

Un autre Samuel leur dira : *Hoc tibi signum quia unxit te Deus in principem.*

L'onction sacrée fait les *rois par la grâce de Dieu.* De là la sainte majesté de Saül et de David et des rois catholiques.

« Nous trouvons une preuve de cette sainteté dans les gestes des Francs et du B. Remi, ajoute saint Thomas. Nous la trouvons dans la sainte Ampoule apportée d'en haut par une colombe pour servir au sacre de Clovis et de ses successeurs, et dans les signes, prodiges et diverses cures opérés par eux. » (*De Reg. Princ.*, II-XVI.)

Il dit encore que les rois fidèles sont plus élevés aux choses divines que les simples particuliers : *Naturam particularem excedunt.* (*Ib.*, III, 15.) Après la dynastie pontificale, en effet, c'est la maison de France qui, de toutes les conditions, a donné le plus de saints au ciel. L'Ecriture nous apprend que Saül reçut l'Esprit du Seigneur, qui se retira de lui pour passer à David, quand Dieu le fit oindre et rejeta Saül. A plus forte raison en est-il ainsi des rois catholiques, la grâce étant plus abondante depuis l'incarnation.

N'oublions pas que l'Eglise, à l'exemple du Christ, enseigne par des actes qui précèdent ses définitions. *Cœpit* FACERE *et dicere.*

En consultant la liturgie et nos traditions nationales, on n'aurait pas fait la faute d'attribuer « le droit divin » aux rois infidèles, comme font certains royalistes gallicans, et de l'enlever aux rois catholiques, comme on le fait quelquefois de nos jours.

II. Plus que tous les autres rois chrétiens, le Fils aîné de l'Eglise est un Roi « de droit divin, » car la monarchie très chrétienne a le Christ lui-même pour fondateur, dit la loi salique, *Auctore Deo condita.*

Dieu a promulgué la loi de crainte au milieu des éclairs et des éclats de la foudre, par le ministère des Anges. (*Act.* VII, 53.) Mais le Christ a donné la loi de grâce à la France de sa propre bouche et dans la douce lumière de sa présence. L'ancienne loi est multiple et gravée sur la pierre. La loi nouvelle, gravée dans les cœurs, repose uniquement sur la charité, qui est, dit l'Apôtre, « la plénitude et la perfection de la loi. »

Echo de la tradition conservée par Hincmar, Surius, Marlot et autres, Baronius raconte en ces termes la promulgation de la loi divine, base fondamentale de notre constitution nationale :

« Dans la chapelle du palais dédiée à saint Pierre, saint Remi, Clovis et sainte Clotilde étaient assis, entourés des clercs qui avaient accompagné le Pontife, et des officiers du Roi et de la Reine. Le prélat donnait au Roi des enseignements salutaires, et lui inculquait les commandements évangéliques. Pour confirmer la prédication du saint évêque, Dieu voulut montrer visiblement ce qu'il dit à tous les fidèles : « Quand deux ou trois sont assemblés en mon nom, je suis au milieu d'eux. »

Tout à coup, en effet, une abondante lumière, plus éclatante que celle du soleil, remplit toute la chapelle et l'on entendit en même temps ces paroles :

« LA PAIX SOIT AVEC VOUS. C'EST MOI, NE CRAIGNEZ RIEN ; DEMEUREZ DANS MON AMOUR. »

Puis, après ces paroles, la lumière disparut, et une odeur d'une incroyable suavité embauma le palais, afin de prouver avec évidence que l'auteur de la lumière, de la paix et de la douceur y était venu, car, l'évêque excepté, aucun des assistants n'avait pu le voir, parce qu'ils étaient éblouis par l'éclat de la lumière. Sa splendeur pénétra le Saint-Pontife, et la lumière qu'il rayonnait illuminait le palais avec plus d'éclat que les flambeaux qui l'éclairaient.....

Un miracle digne des temps apostoliques, pour me servir des expressions d'Hormisdas, succéda à cette apparition, comme le rapportent Aimoin et Hincmar, évêque de Reims ; je veux parler de l'ampoule du saint chrême apportée du ciel par une colombe, et qui servit à sacrer Clovis et, à son exemple, tous les rois de France, ses successeurs. »

C'est alors que saint Remi, rempli de l'Esprit saint, prédit que la France hériterait de la puissance des Romains, prédiction réalisée sous Charlemagne.

Par ces éclatants prodiges, poursuit le grand historien de l'Eglise, Dieu voulut manifester clairement de quel poids (*quantæ molis erat*) était la conversion du Roi des Francs et de son peuple (1).

On voit que Baronnius s'inspire ici du poète latin : *Quantæ molis erat romanam condere gentem.*

La miraculeuse conversion des Francs suivit celle du Roi. Sur la demande de saint Remi, Clovis allait parler aux Francs.

« Mais avant qu'il ait pris la parole, la puissance divine prend le devant, et tout le peuple s'écrie d'une seule voix : « Nous repoussons des dieux mortels, pieux prince ; nous sommes prêts à suivre le Dieu immortel annoncé par Remi. » A cette nouvelle, le Pontife, comblé de joie, ordonne de préparer le bain sacré. Tout le temple est embaumé d'une odeur divine, et Dieu accorde aux assistants un si grande grâce, qu'ils se croyaient parfumés des odeurs du ciel (2). »

Baronius ajoute :

« Instruit de la voie de Dieu, le Roi entra avec la courageuse nation des Francs par la porte de la lumière éternelle. Elle crut au Christ et devint « une nation sainte, un peuple d'acquisition afin qu'en lui fût annoncée la puissance de CELUI qui les appela des ténèbres à son admirable lumière. »

Voilà nos traditions nationales. Ah ! si le génie de Bossuet n'eût pas été rétréci par ses préjugés gallicans, s'il avait agrandi sa *Politique tirée de l'Ecriture-Sainte* en s'inspirant de la liturgie et des saintes traditions de la patrie, de quelle éclatante lumière n'aurait-il pas éclairé la science politique et notre constitution nationale !

(1) T. VI, p. 464, année 499, XVIII.
(2) Ib., p. 462, XX, édition de Venise.

C'est une légende, dira-t-on ; mais comment nier un prodige raconté par de graves et saints historiens, implicitement confirmé par le témoignage du pape Hormisdas, qui écrit à saint Remi que des miracles égaux à ceux des temps apostoliques éclatent en France ; confirmé par la Sainte-Ampoule, confirmé par des prodiges, des miracles et le don de guérir les écrouelles, que Charles X avait encore à Reims ; confirmé implicitement à Paray par le Christ lui-même, qui appelle le roi de France « le fils aîné de son Cœur sacré ? » En lui demandant par la bouche de la Bienheureuse Marguerite-Marie de faire peindre ce cœur sur ses étendards et dans son palais, il rappelait la monarchie à la loi de son berceau ; loi de vie que nos frères du Canada ont traduite dans leur belle devise nationale :

Aime Dieu et va ton chemin !

Cette loi de l'amour qu'ils avaient reçue de la bouche du Christ et de l'Eglise, nos pères l'ont acclamée par ce cri enthousiaste inscrit dans la loi salique : *Vive le Christ qui aime les Francs !* L'alliance proposée par le Roi des rois, acceptée par les Francs, le fut de nouveau par Clovis quand il déposa sa couronne royale (*regnum*) sur la tombe sacrée de Pierre, en témoignage de fidélité à CELUI dont Pierre tint la place.

III. Les devises de nos monnaies et *les gestes de Dieu par les Francs* répètent à toutes les générations nos priviléges, nos devoirs, notre vocation, les miracles de miséricorde qui ne châtient la France que pour la guérir, et ne l'humilient que pour la glorifier quand elle fait pénitence et revient au Christ son Roi.

« Il n'y a jamais eu de monarchie, dit Le Bret, qui ait si longtemps duré en sa splendeur ny qui dans l'estat où elle est à présent ne puisse se promettre plus de gloire et de félicité que celle de la France ; car, bien que sa fortune ait été souvent agitée de furieuses tempêtes qui lui ont esté souvent suscitées ou par l'envie de ses voisins ou par la propre malice de ses peuples, toutesfois Dieu l'a toujours relevée au-dessus de l'orage et l'a rendue plus puissante qu'elle n'estoit auparavant, si bien qu'un signalé personnage de ce siècle dit avec raison :

Magna regni Gallorum fortuna, sed semper in malis major resurrexit.

Nous devons espérer qu'elle ne pourra jamais être ébranlée, tandis que les rois continueront à maintenir en son lustre la religion, de chérir leurs peuples et de leur faire part de la félicité que Dieu leur donne...

J'estime qu'ils ne peuvent leur donner de plus certains témoignages qu'en se rendant soigneux de deux choses : la première est de faire exercer saintement la justice; la seconde est de leur donner la paix, source de tous les biens et le seul objet de la justice. » (*Traité de la souveraineté du Roy*, l. I, ch. i.)

Cette justice et cette paix, la France sait où les trouver, quand elle le voudra, car Dieu lui a donné Henri V et Pie IX. Elle aurait pour alliés, si l'ordre était rétabli, l'auguste maison de Lorraine et les religieux Bourbons des deux Péninsules.

Les humiliations de la France et les immenses miséricordes qui les suivent ont frappé tous les siècles :

Le châtiment des *Français* sort de toutes les règles ordinaires, et la protection accordée à la *France* en sort aussi, disait de Maistre. Mais ces deux prodiges réunis se multiplient l'un par l'autre, et présentent un des spectacles les plus étonnants que l'œil humain ait contemplés. » (*Considérations sur la France*, fin du ch. ii.)

Bon gré, malgré nous, Dieu ramènera la France dans les voies de sa jeunesse comme il y a toujours ramené les Romains, comme il y ramènera les Juifs à la fin des temps, car Dieu ne se repent pas de ses dons.

IV. Les peuples ont leur mission non moins que les individus. Cette mission s'annonce dès le berceau pour les instruments privilégiés de Dieu dans le monde. Dès Abraham, Isaac et Jacob, la vocation d'Israël est tracée. Dès saint Pierre et les Apôtres, et même dès Romulus, on connaît les destinées de Rome, et celles de la France s'annoncent dès Clovis.

La mission de la France, c'est de défendre l'Eglise et la Chrétienté, la loi, la justice et les faibles.

> C'est le royaume qui soutient
> Chrétienté et la maintient !
> (*Mystère d'Orléans.*)

Lazare et ses sœurs, apôtres de la France, étaient les plus chers amis du Christ, qui nous pardonne beaucoup parce qu'elle a beaucoup aimé. Elle a donné son or et son sang pour le siége de Pierre et pour la patrie, pour la justice et pour l'opprimé. Rome, Castelfidardo, Mentana, Patay, prouvent que la loi qu'elle a reçue du Christ est encore écrite, comme la loi salique, « ès cœurs des Français. »

L'union du christianisme et de la monarchie française est si étroite que « la grandeur de ce royaume béni de Dieu est inséparable de l'exaltation de l'Eglise, écrit Alexandre III (*Ep.* 30). »

Cette tradition romaine, rappelée par Bossuet dans son célèbre discours sur *l'Unité*, était conservée par nos pères dans ce dicton qui devrait être inscrit dans le palais de nos rois et de nos Assemblées :

> Mariage en de bon devis,
> De l'Eglise et de fleurs de lys.
> Quand l'un de l'autre partira,
> Chacun d'eux s'en ressentira.

Les règnes néfastes des Napoléon en sont la preuve, et ceux qui veulent ramener la France à son vomissement sont ou bien coupables, ou bien aveugles.

Une chanson de geste, citée par le *Monde* du 29 janvier, dit que Dieu fit couronner par ses anges le premier roi de France pour être son sergent sur la terre.

> Le premier roi de France fit Dieix par son command,
> Couronner à ses anges dignement en chantant,
> Puis le commanda être en terre son sergent.

On lit sur nos monnaies d'or, depuis Louis VI :

Christus vincit, Christus imperat, Christus regnat.

Sur nos monnaies d'argent :

Sit nomen Domini benedictum.

Et plus chrétiennement encore, sur celles de Philippe-Auguste :

Sit nomen Domini nostri Dei Jesu Christi benedictum.

Ailleurs :

Lilium elegisti tibi.

« Le Christ est vainqueur, il commande, il règne; que le nom de Jésus-Christ, Notre Seigneur et notre Dieu, soit béni.

» Il s'est réservé les lys. »

Les Papes constatent ces traditions. Anastase II voit dans la France « une colonne de fer que Dieu élevait pour le soutien de son Église », comme il l'écrit à Clovis.

Au nom de Pierre, Etienne IV écrit à Charlemagne, à tous les évêques, abbés, ducs, comtes et peuples des Francs, que, « suivant la promesse de Notre-Seigneur et Rédempteur, il distingue le peuple des Francs entre toutes les nations et qu'ils sont ses fils adoptifs et frères des Romains. »

Grégoire IX écrit à saint Louis :

« Ce royaume béni de Dieu a été manifestement choisi par notre Rédempteur pour être l'exécuteur spécial de ses divines volontés. Jésus-Christ l'a pris en sa possession comme un carquois d'où il tire fréquemment des flèches choisies, qu'il lance avec la force irrésistible de son bras pour la protection de la liberté et de la foi de l'Eglise, le châtiment des impies et la défense de sa justice. »

Le Roi de France n'est que le sergent du Christ, comme parle saint Louis : « Le premier souverain de France, c'est moi, » dit-il à Marie Lataste. (*Œuvres*, t. III, p. 405.) Jeanne d'Arc, inspirée par l'Archange, tient le même langage. (*Wallon*, t. Ier, p. 92, édit. in-12.)

La mission de la France est extérieure, mais proportion gardée, elle est, comme l'Eglise, régie par le droit divin, de même qu'après cette vie le corps et l'âme du chrétien sont vivifiés par l'Esprit-Saint, si différents qu'ils soient?

CHAPITRE X

PÉRILS & REMÈDES

La Révolution, qui séduit la terre par ses grands mots, irrite le Ciel par ses blasphèmes. (*Ap.* XIII, 5.) Il lui a été donné de vaincre la monarchie très-chrétienne, et aujourd'hui elle menace de mort la France ; à l'intérieur par la commune, au dehors par l'étranger, qui la convoitent comme leur inévitable proie.

1848 était un simple avertissement de la Providence. La république du 4 Septembre fut une sommation avec frais. Les élections de 1876 démontrent que notre dette envers le Christ, notre Dieu et notre Roi, n'est pas entièrement acquittée.

La France est perdue si Dieu n'y rétablit la monarchie traditionnelle et si un enseignement national et chrétien n'en prépare et n'en conserve les saintes bases.

Les fureurs antichrétiennes du XVIIIe siècle se calment chez les lettrés, mais la Révolution domine encore les intelligences. La science humaine est impuissante pour les éclairer, non-seulement à cause de ses incertitudes, de ses lacunes, de ses lenteurs, mais surtout parce qu'elle ne sait rien de l'ordre surnaturel, clef de voûte des sociétés chrétiennes. C'est, en effet, pour préparer, figurer, servir le christianisme, que Dieu a créé l'ordre temporel. Les séparer est toute la Révolution. Elle satisfait par là sa haine satanique et du Christ, dont elle détruirait ainsi le règne sur la terre, et des nations, qu'elle conduirait à la mort. De là la nécessité de christianiser la science sociale.

Sans doute, on n'oppose pas l'autorité de l'Eglise aux protestants, ni l'Ecriture-Sainte aux infidèles. Il faut, dès lors, que le catholique sache appuyer le droit naturel sur l'expérience, la raison et l'autorité des jurisconsultes. Mais il serait insensé de s'emprisonner dans la sphère inférieure où le vrai et le faux sont mêlés et les vérités diminuées, tandis qu'on peut connaître la vérité entière et sans mélange en joignant la sagesse éclairée du chrétien à la lumière douteuse de la raison pure.

Il faut éclairer les esprits dès l'enfance par le dessin, la musique et la prière. Il faut, comme le demande M. Gauthier, tapisser les murs de l'école primaire et de l'asile d'images qui rappellent aux enfants et nos traditions nationales chrétiennes, et nos héros chrétiens, et « les gestes de Dieu par les Francs » et le règne du Christ, afin qu'il « protége la France. » Il faut appeler à l'aide du dessin les chants populaires dont on puiserait le sujet dans les poëmes héroïques de nos pères, et que la jeunesse des écoles et des cercles, au lieu de futilités, joue des pièces nationales dont la *Fille de Roland* a donné le signal. En un mot, il faut christianiser et monarchiser les yeux, les oreilles, le cœur de l'enfance et de la jeunesse, et l'armer contre la Révolution, cette terrible ennemie de Dieu et des hommes, de l'Eglise et de la France.

Il faut, en outre, que la législation seconde l'école et qu'en tête des constitutions et des codes on inscrive les commandements de Dieu et l'admirable prologue de la loi salique, qui nous rappellera les vertus chevaleresques de nos pères. La loi, elle aussi, est une lumière : *lex lux*.

II. Dieu dit aux nations comme aux individus : « Si vous voulez vivre, observez les commandements. »

89 a tout détruit, il faut tout rétablir.

Rétablir la foi religieuse et sociale, vie de l'esprit, par la sanctification du dimanche et la pleine liberté de l'Eglise ;

La vérité, aliment de l'intelligence, par un enseignement catholique et national ;

La vigueur de l'âme en portant en haut les regards de la France aujourd'hui penchés vers la terre ;

La flamme du cœur en lui donnant encouragement et liberté pour le bien ;

Les forces religieuses et sociales en les groupant autour du vicaire de Jésus-Christ et d'un gouvernement légitime, national et chrétien.

Il faut enfin réparer la famille en consolidant l'autorité paternelle et la stabilité du foyer domestique, et pour cela modifier les articles 826 et 827 du Code civil.

Il faut, avant tout, rendre au mariage sa dignité sacrée en abrogeant les articles 199 et 200 du Code pénal, qui entravent la célébration du mariage religieux. Cette suppression n'enlève rien à l'Etat, rien aux officiers de l'état civil, sinon la grotesque usurpation des droits de Dieu, de l'Eglise et des époux.

L'oubli de nos traditions nationales est la cause de notre décadence et de nos malheurs. La France conservatrice est en majorité catholique, en majorité monarchiste. Mais les catholiques espèrent rétablir parmi nous le règne social du Christ et notre grandeur sans la monarchie très chrétienne. De là tant de pieux catholiques dévoués à la patrie qui sont césariens, parlementaires, républicains même.

D'un autre côté, de nombreux royalistes espèrent restaurer la monarchie légitime sans la royauté du Christ, sans l'obéissance à l'infaillible autorité spirituelle de son Vicaire. Ils veulent un roi moderne fait à leur image, un roi gallican, constitutionnel, libéral. Ils veulent la restauration de la France et de la royauté sans la monarchie très chrétienne.

Les uns et les autres s'effraient du *Syllabus* et du drapeau blanc, qui règlent et symbolisent cette monarchie. Dans les mains d'Henri V, le drapeau blanc est le drapeau, non pas de l'ancien régime, mais du règne social du Christ. Le chef des armées célestes, vainqueur des anges rebelles, le confiait à Jeanne d'Arc. Son drapeau descendait du ciel comme la Sainte-Ampoule et les lys. *Les très-élégantes annales des Gaules*, par Nicolas Gilles, et les vers des tapisseries de Reims, rappellent les dons célestes faits à Clovis.

Dieu tout-puissant lui transmet le Saint-Chrême,
Semblablement de fleurs de lys l'écu.

L'étendard fleurdelysé de la Pucelle portait les noms sacrés de JÉSUS et de MARIE, rois immortels de la France. Ils l'arracheront aux serres de la Révolution qu'ils ont vaincue, le Christ par sa mort, la Vierge pour son Immaculée Conception et sa maternité divine.

La Monarchie très chrétienne est l'expression la plus parfaite du règne social, du Christ, et voilà pourquoi la Révolution, dans ses instincts sataniques, veut déchristianiser la France pour la démonarchiser et la démonarchiser pour la déchristianiser, comme le conseillait Mirabeau.

Pour retrouver notre grandeur, il faut que tous les catholiques redeviennent royalistes, et tous les royalistes catholiques ; il faut refaire tout ce que la Révolution a défait ; il faut christianiser et monarchiser la France ; il faut la restauration « du droit divin, » c'est-à-dire de la monarchie très chrétienne ; il faut la restauration et l'union d'Henri V et de Pie IX.

Mais pour cela il faut appeler Dieu à notre secours ; il faudrait, soir et matin, redire dans toutes nos écoles, cette belle prière du huitième siècle, citée par S. E. le cardinal Pitra, dans sa préface de la *Vie de Saint-Léger* :

Dieu éternel et tout-puissant qui avez établi la France comme l'instrument de votre divine volonté dans l'univers, et pour être l'épée et le rempart de la sainte Église, écoutez les supplications des fils des Francs. Éclairez-les toujours et partout de la céleste lumière afin qu'ils voient ce qu'il faut faire pour propager votre règne EN CE MONDE, accomplir ce qu'ils auront vu, et se munir de courage et de charité par Jésus-Christ Notre Seigneur.

Cette prière, consécration de la préface de notre loi salique, est, à son tour, confirmée par la lettre de Grégoire IX, citée plus haut.

C'est par l'enseignement que la Prusse a préparé son triomphe, par l'enseignement que la Révolution veut assurer le sien. Imitons en cela nos adversaires, et prions Dieu de nous rendre son règne et sa justice, gage d'union, de sécurité et d'honneur. Alors, avec son aide et notre concours, l'Église retrouvera la liberté, et l'Europe la concorde et la paix.